De: _____

Para: _____,

que faz toda a diferença.

2010, Editora Fundamento Ltda.

Editor e edição de texto: Editora Fundamento Ltda.
Capa e editoração eletrônica: Clã Design Ltda.
CTP e impressão: Avenida Gráfica e Editora Ltda.

Dados Internacionais de Catalogação na Publicação (CIP)
(Câmara Brasileira do Livro, SP, Brasil)

Ariello, Fabiane
  Você faz toda a diferença / Fabiane Ariello. — São Paulo, SP : Editora Fundamento Educacional, 2010.

  1. Amizade 2. Felicidade 3. Motivação 4. Relações interpessoais I. Título.

07-7518   CDD-158.2

Índices para catálogo sistemático:

1. Relações interpessoais : Psicologia aplicada 158.2

Fundação Biblioteca Nacional
Depósito legal na Biblioteca Nacional, conforme Decreto nº 1.825, de dezembro de 1907.
Todos os direitos reservados no Brasil por Editora Fundamento Educacional Ltda.

Impresso no Brasil

Telefone: (41) 3015 9700
E-mail: info@editorafundamento.com.br
Site: www.editorafundamento.com.br

Você
faz toda a
diferença.

Rotina.

Você não acha incrível que toda a nossa vida esteja nessas seis letrinhas?

Acordar,
comer,
trabalhar,
assistir à televisão,
dormir.

Nascer,
crescer,
envelhecer,
morrer.

O ciclo da **vida** não pára.

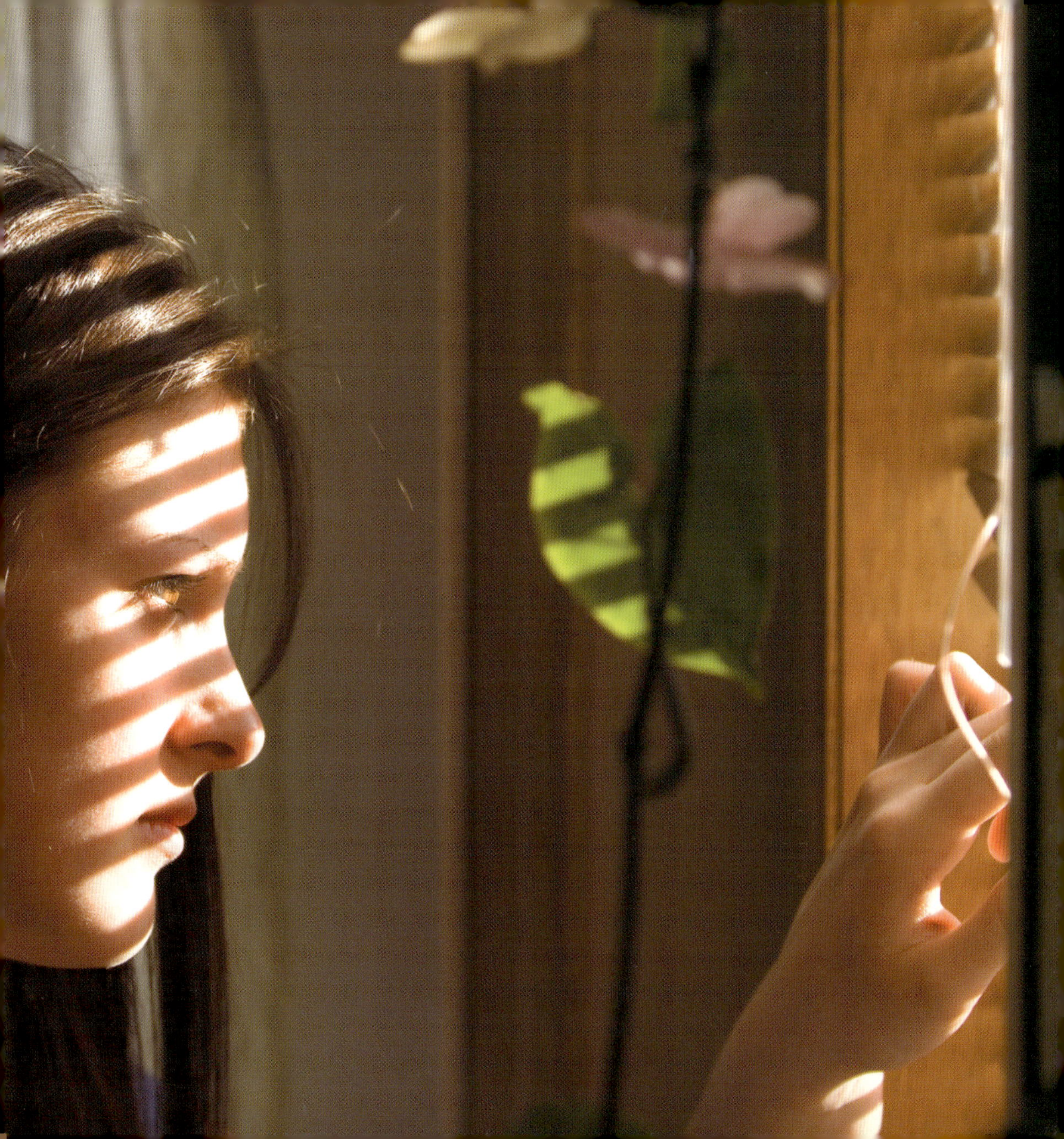

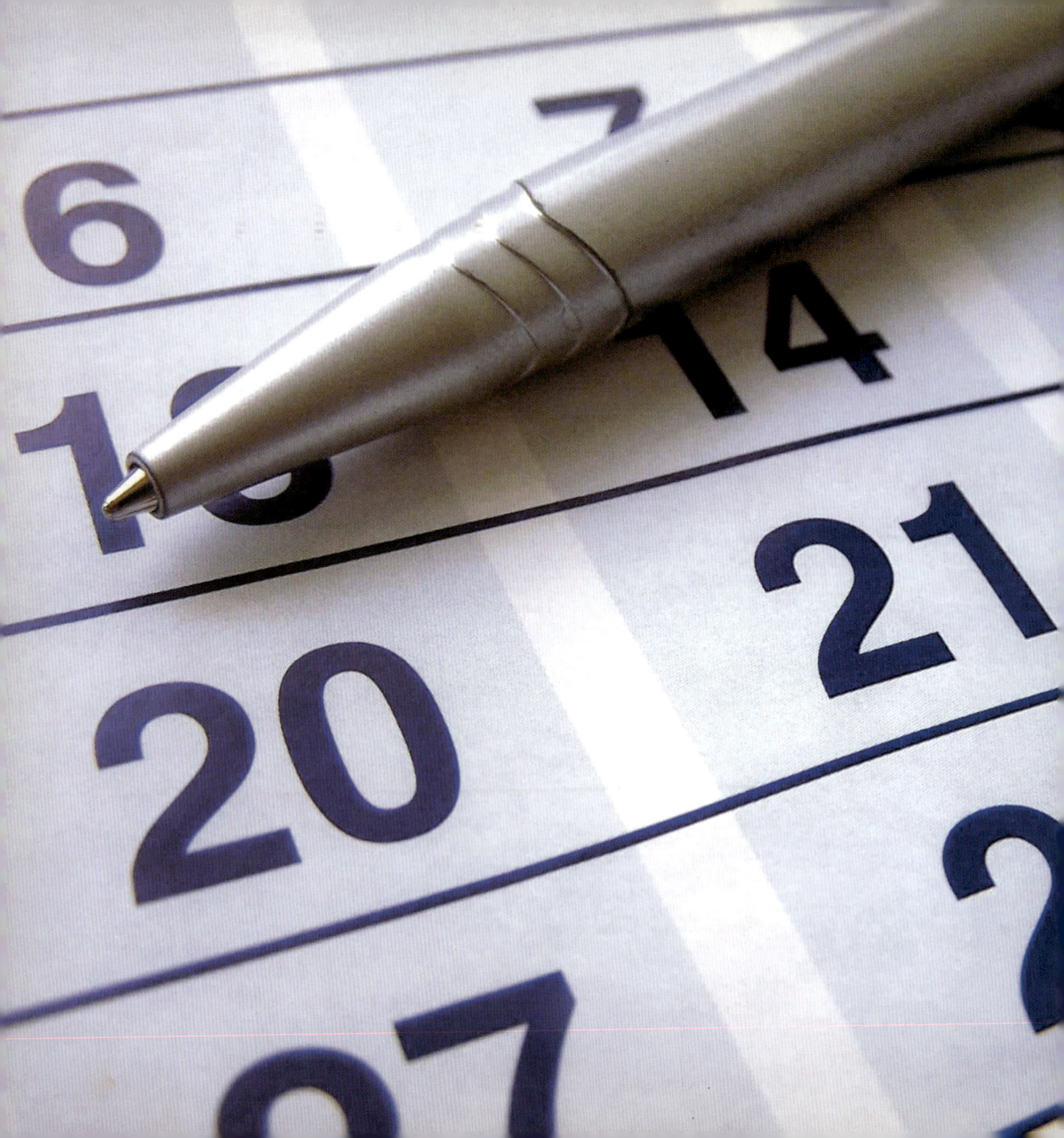

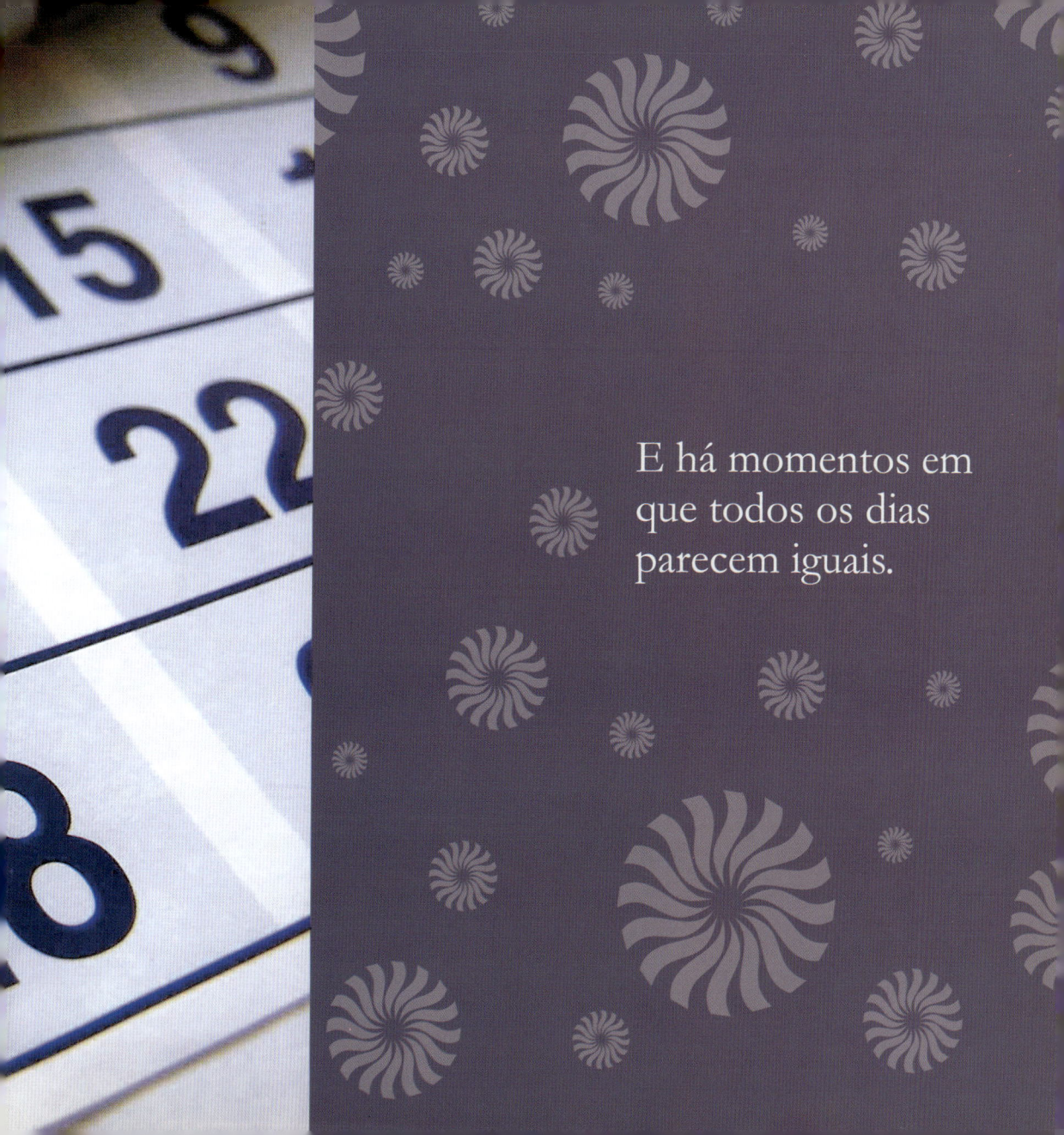

E há momentos em que todos os dias parecem iguais.

Até que um dia...
alguma coisa acontece!

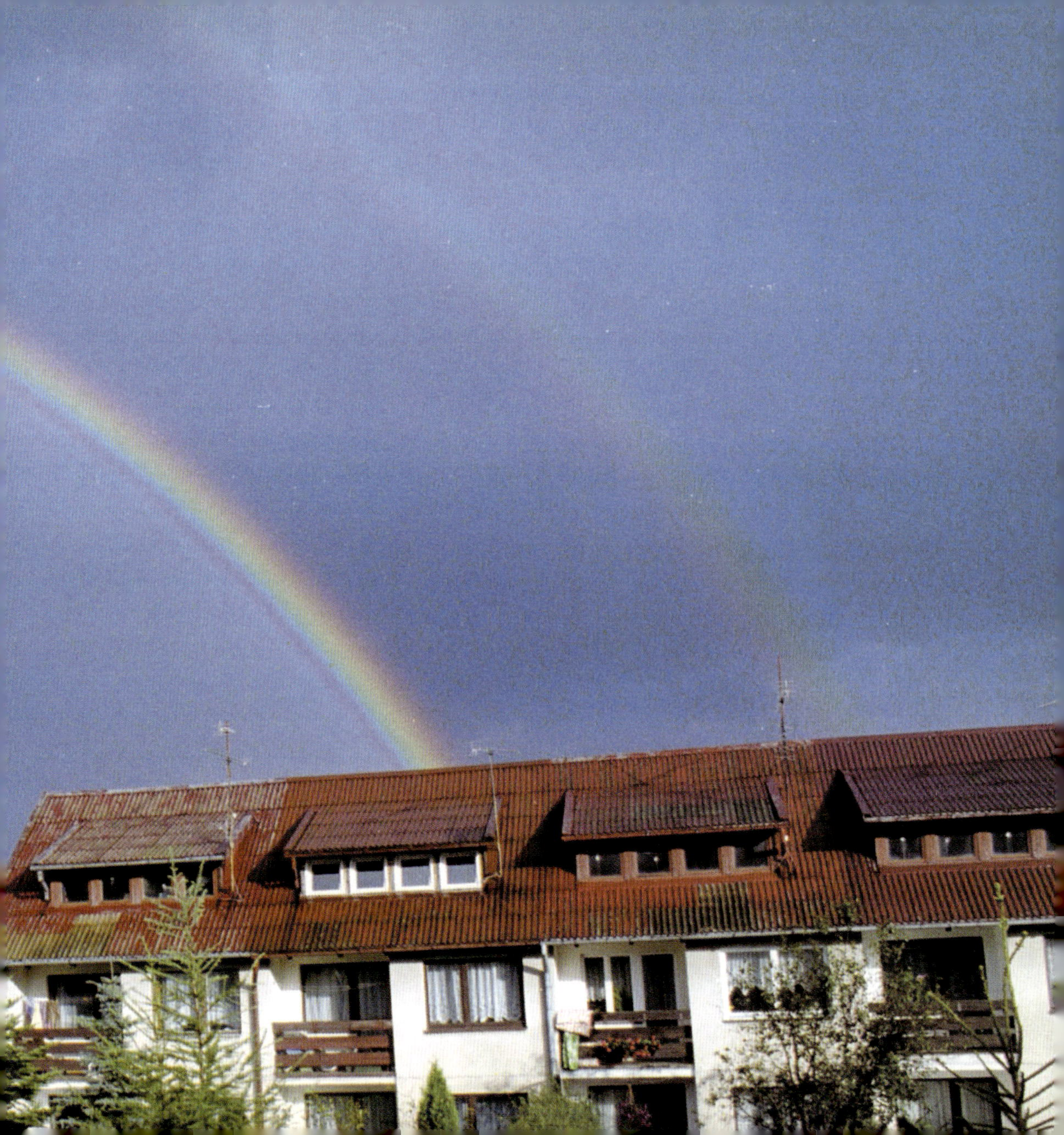

Pode ser algo especial...

...um filho,
um novo amor,
uma viagem...

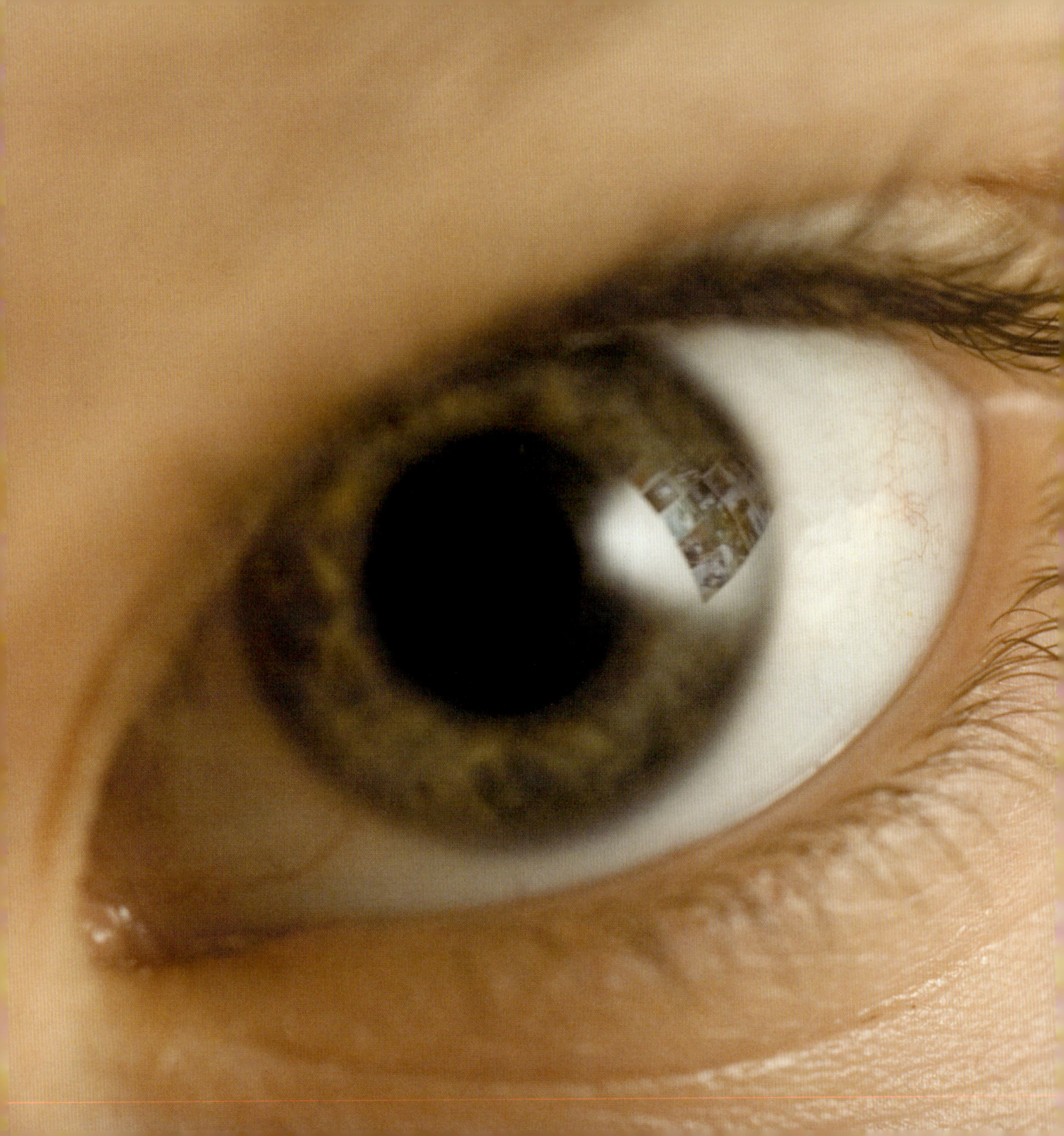

... ou algo tão simples quanto

um olhar,
um elogio,
um carinho inesperado.

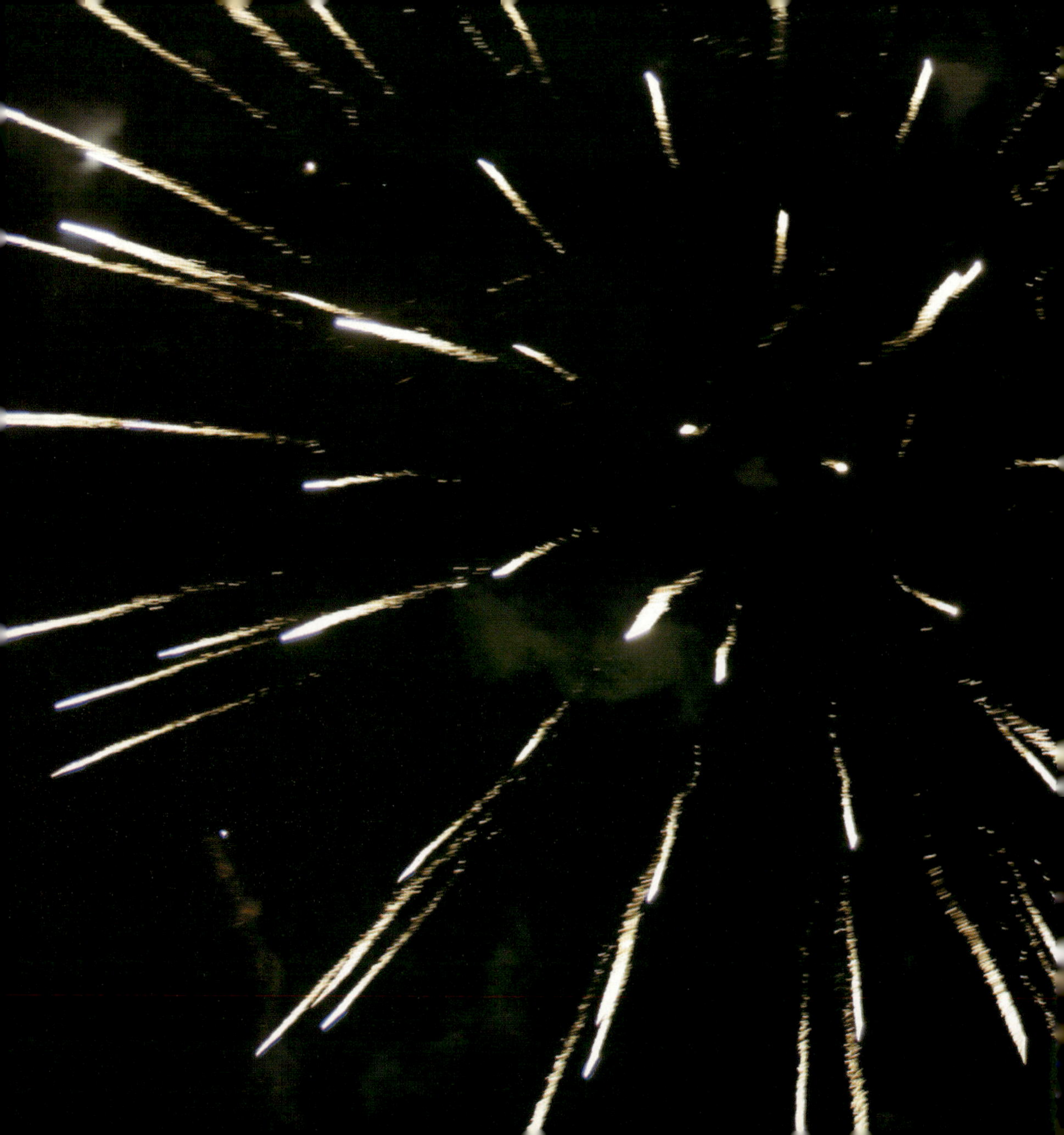

E, sem percebermos...
a mudança chegou!

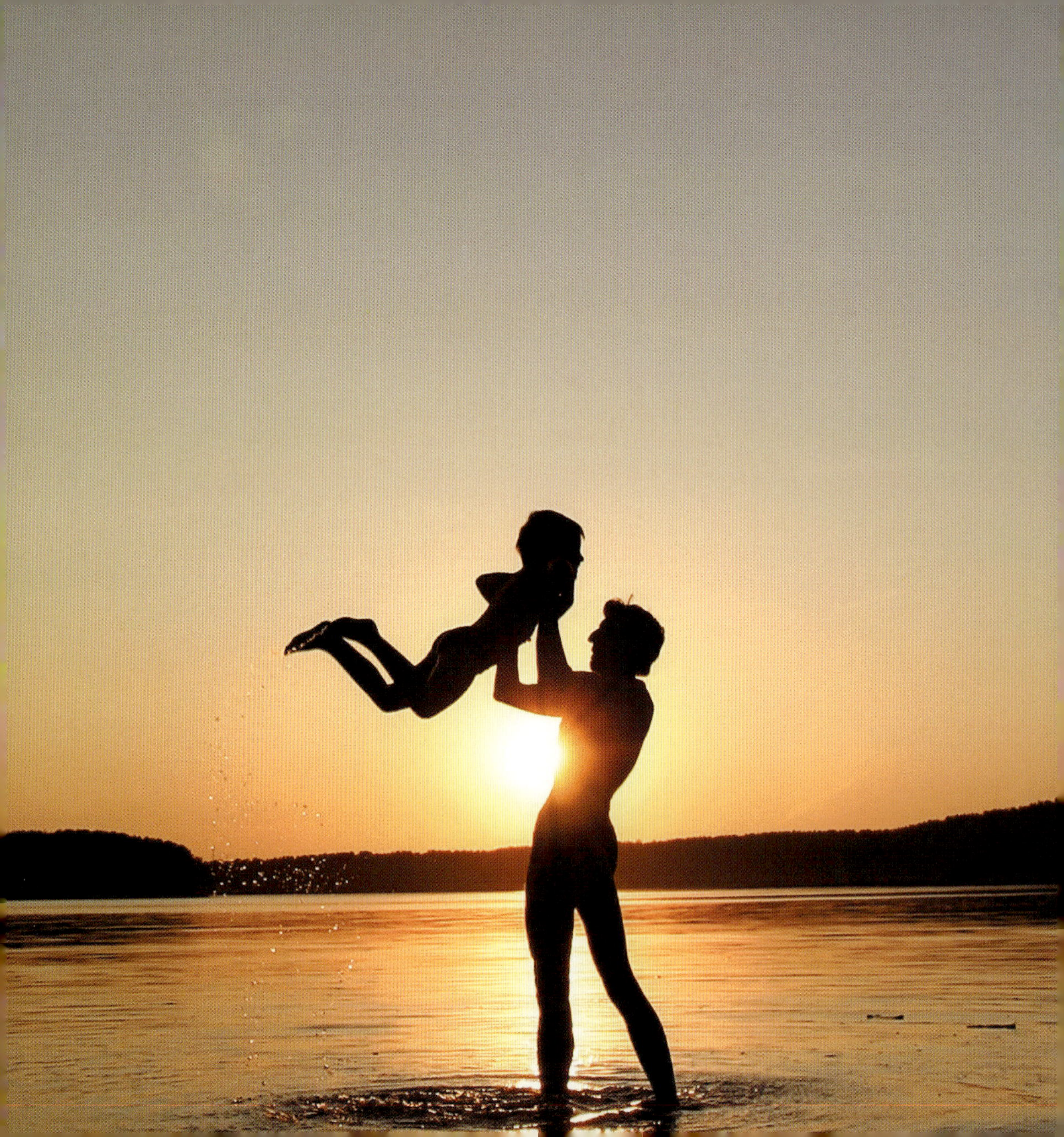

Seja por alguns segundos ou por toda a vida, alguma coisa se transformou.

Uma luz até então desconhecida se acendeu.

Foi isso que senti
quando **você** surgiu.

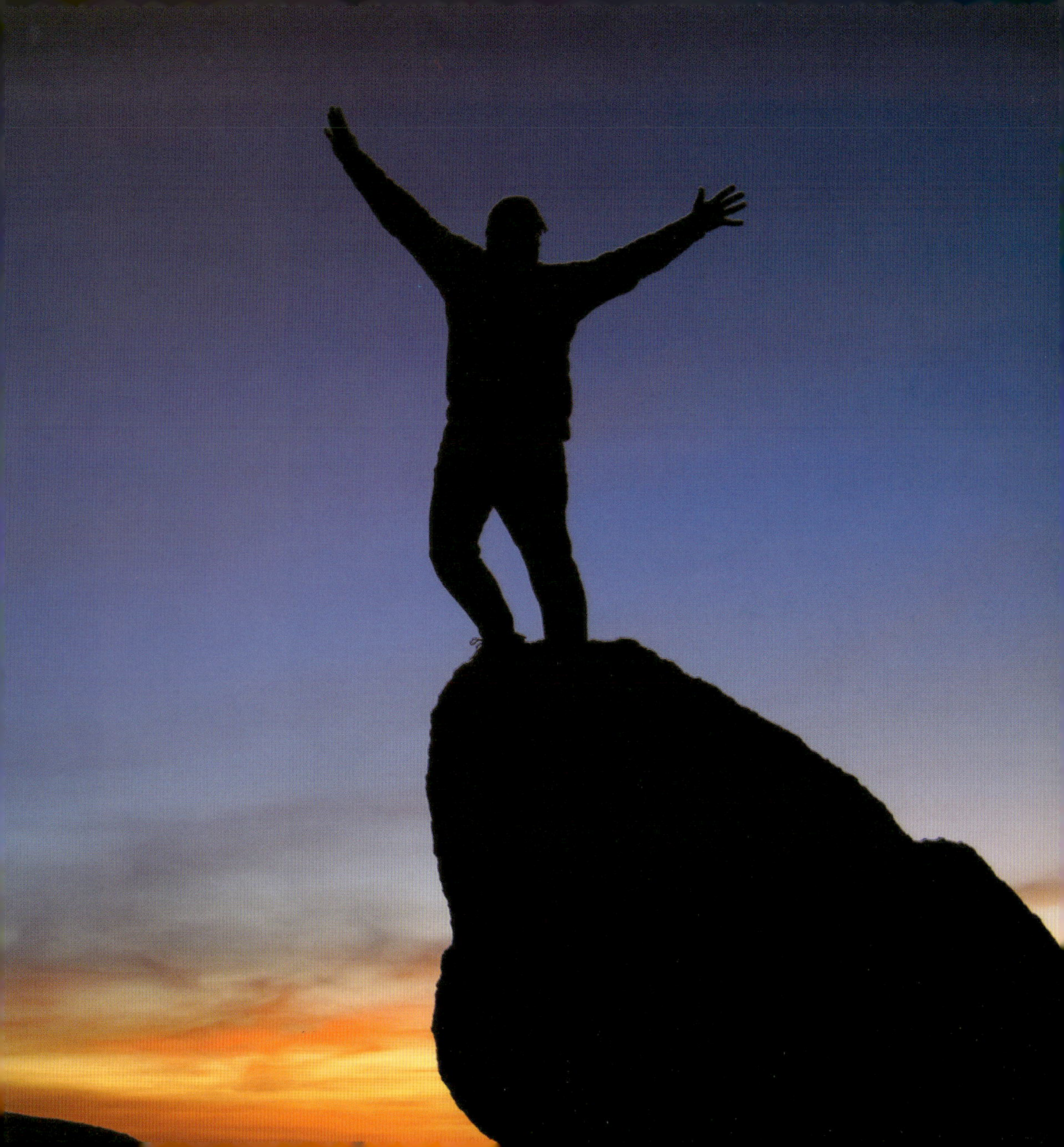

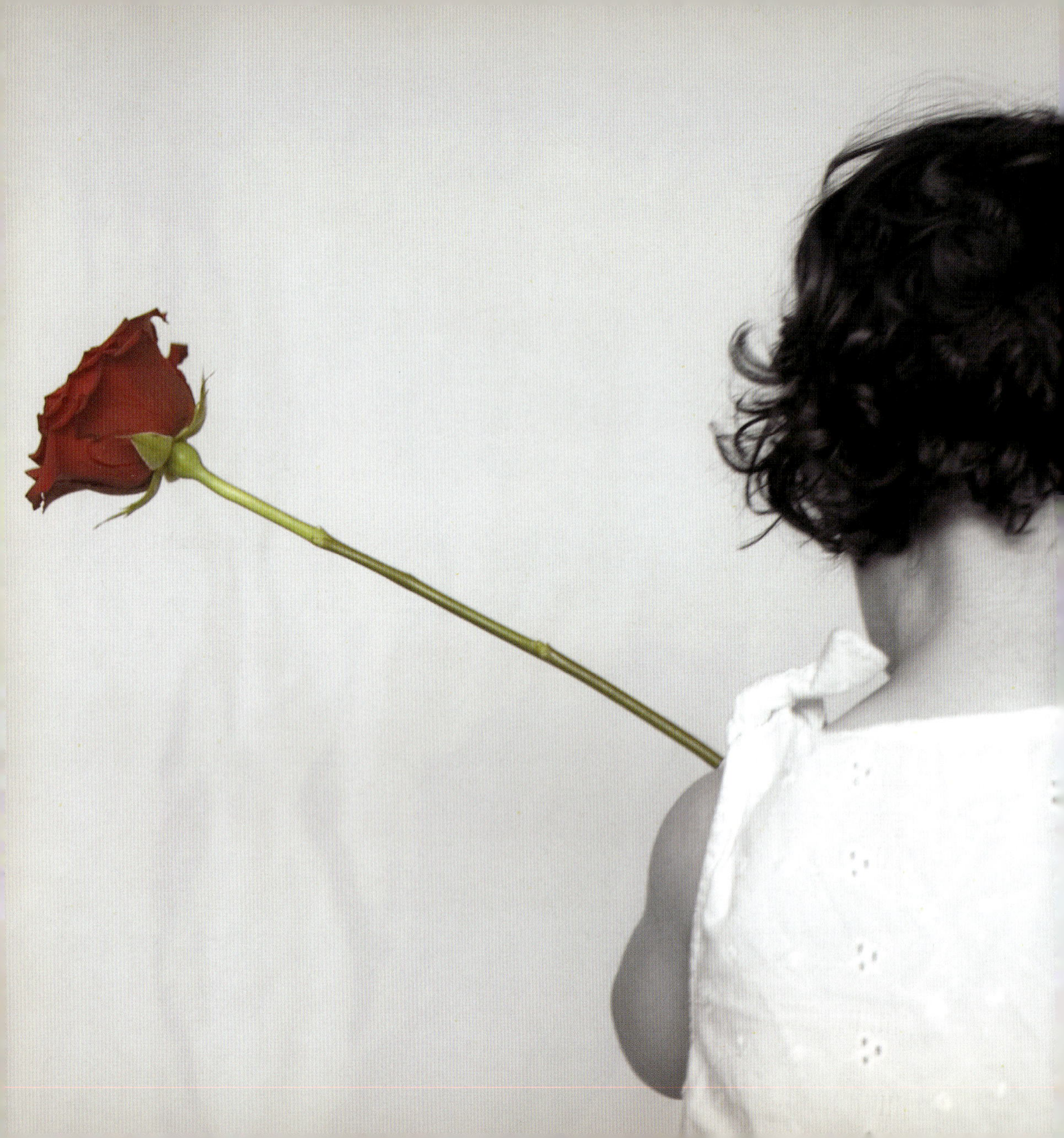

Em meio à rotina cinzenta, você trouxe **cor** e **sentido** para tudo.

E mudou a minha **vida**
para sempre!

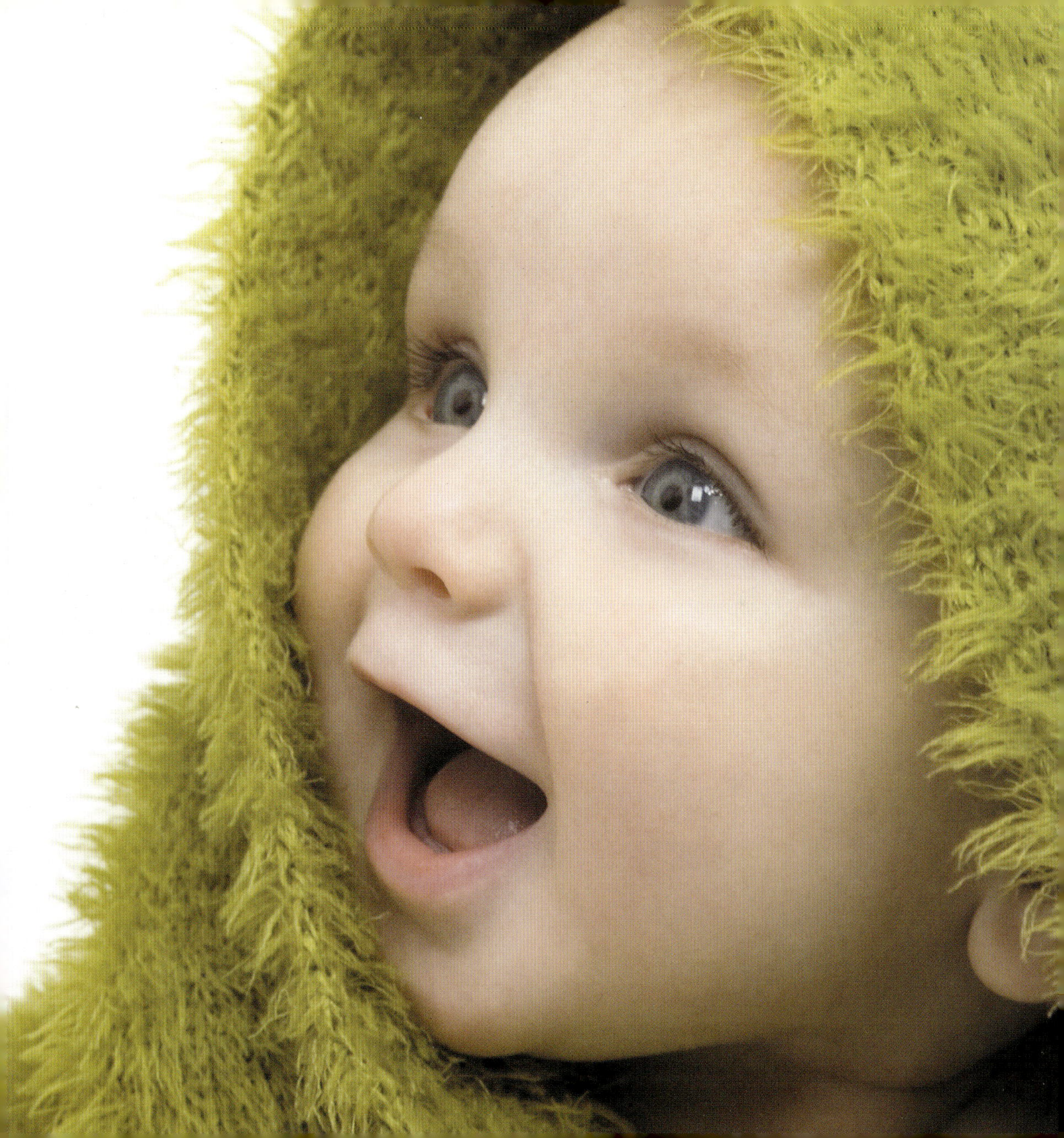

Você me fez perceber que temos o poder de colorir as nossas vidas.

Tornar cada dia único, cada momento especial.

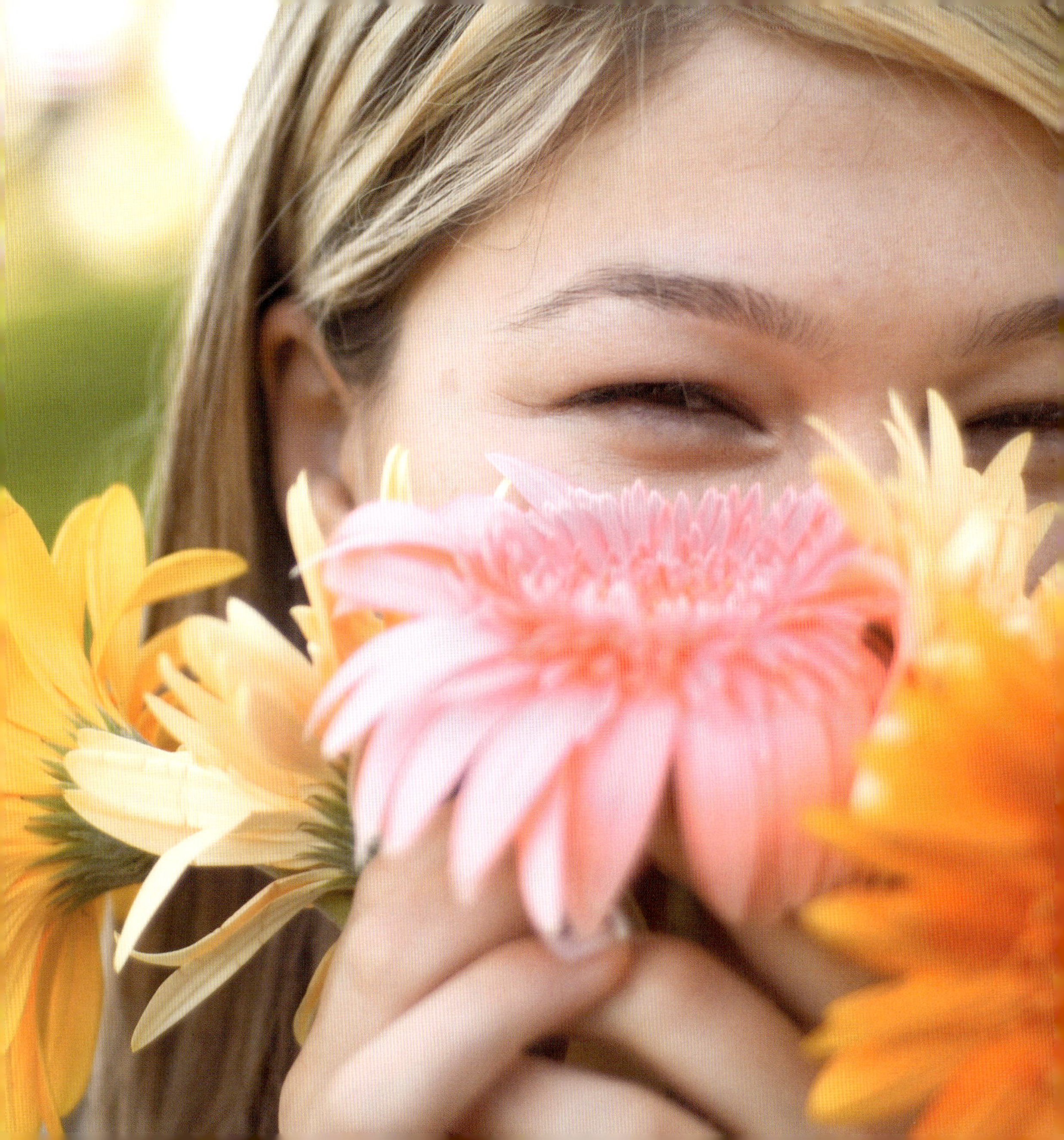

Você faz toda a
diferença.

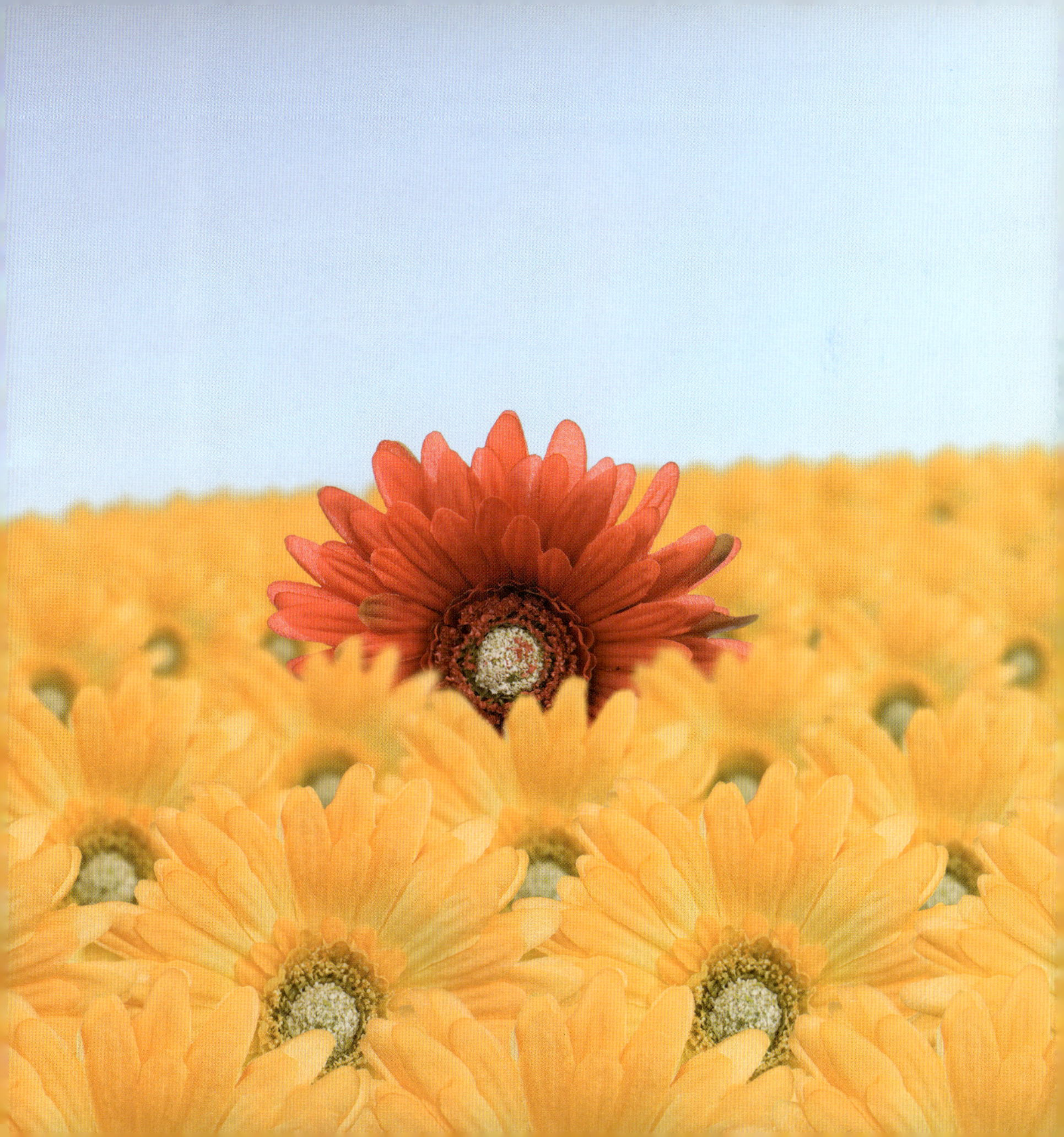

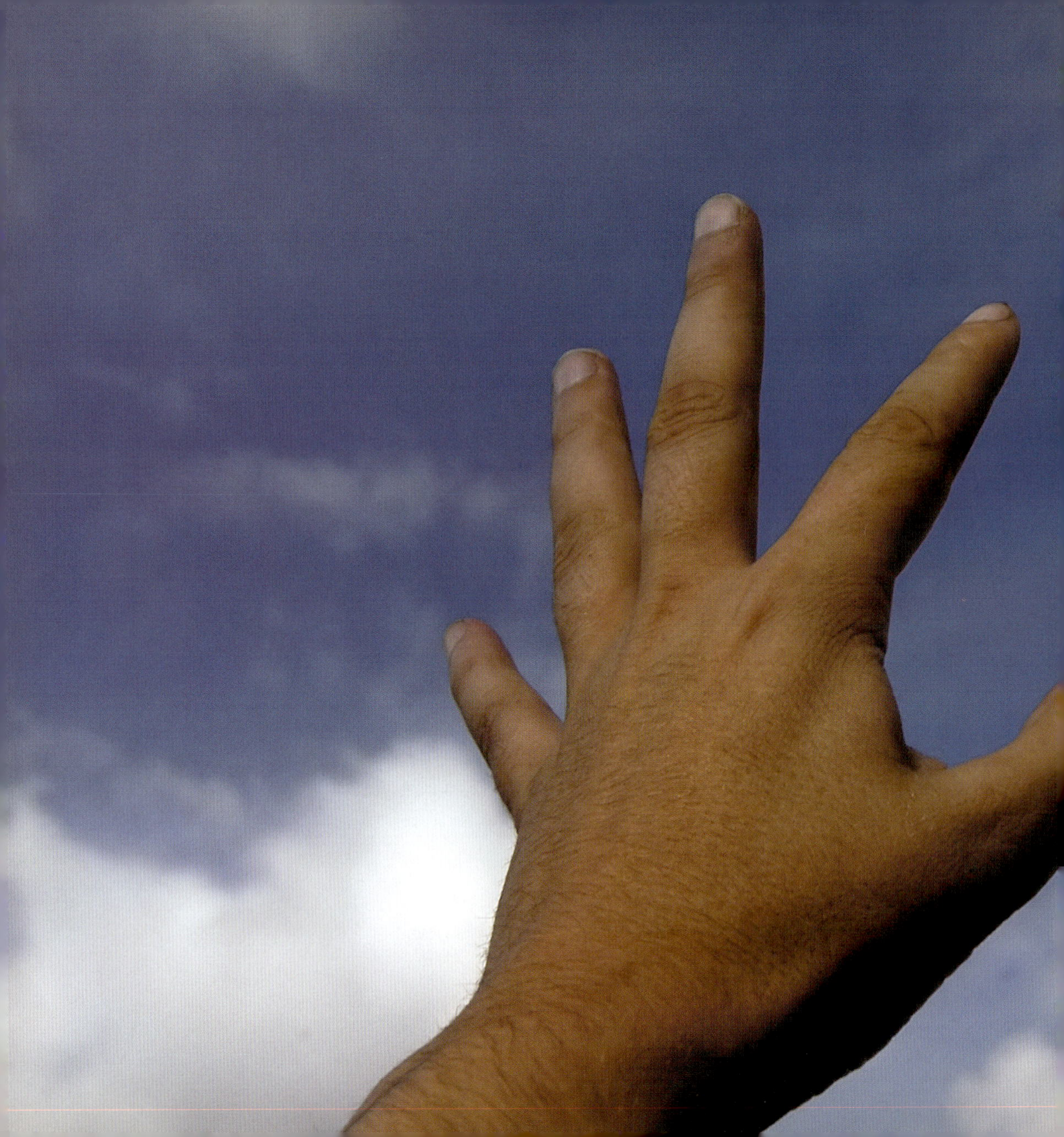

Pode ser que você não saiba,
mas, com uma palavra,
um gesto ou uma escolha
podemos mudar o mundo.

Podemos fazer a **diferença.**

Por mais que, às vezes, não sejamos mais que um rosto na multidão, é dentro de nós que está a coragem e o poder de sonhar!

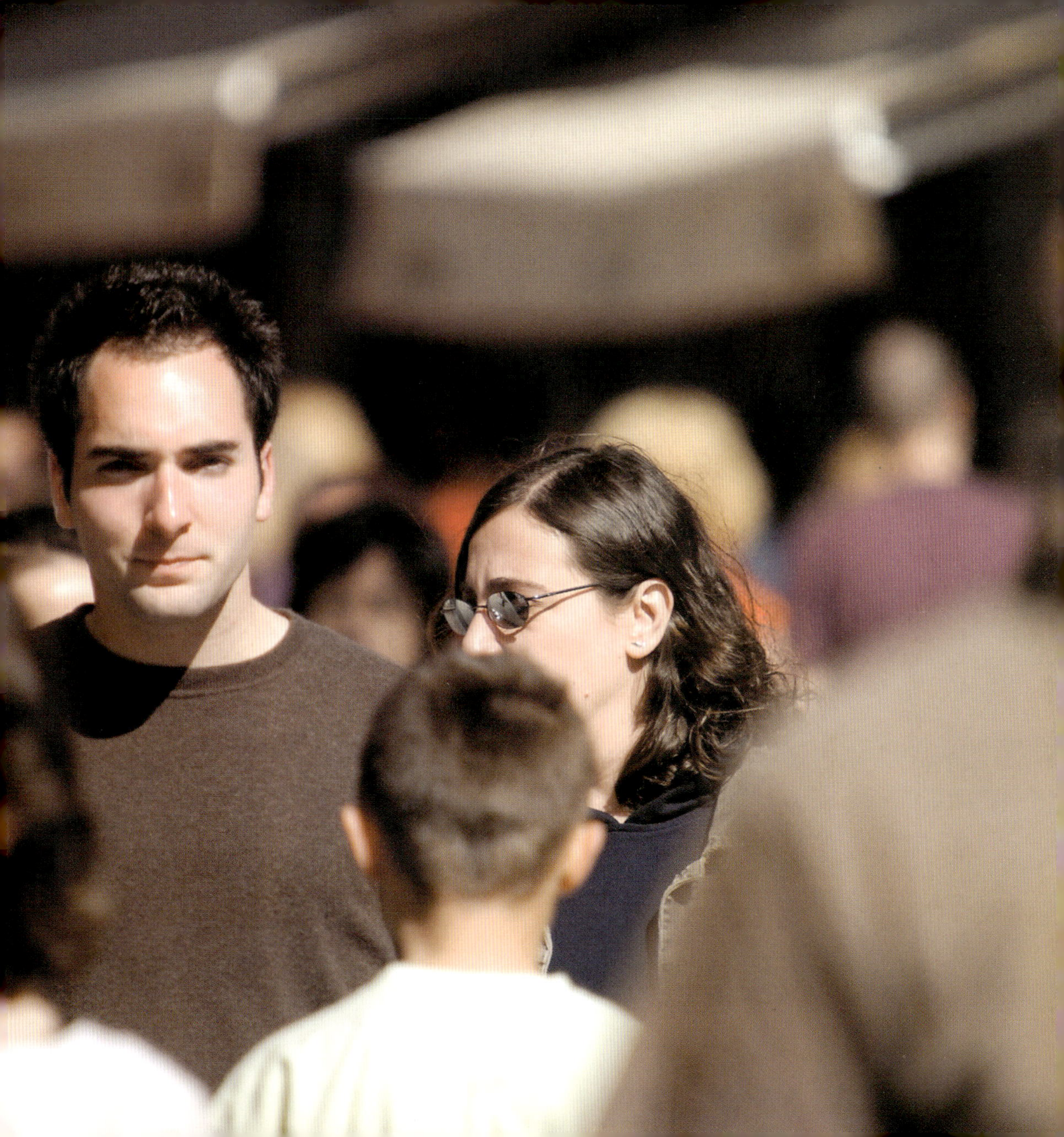

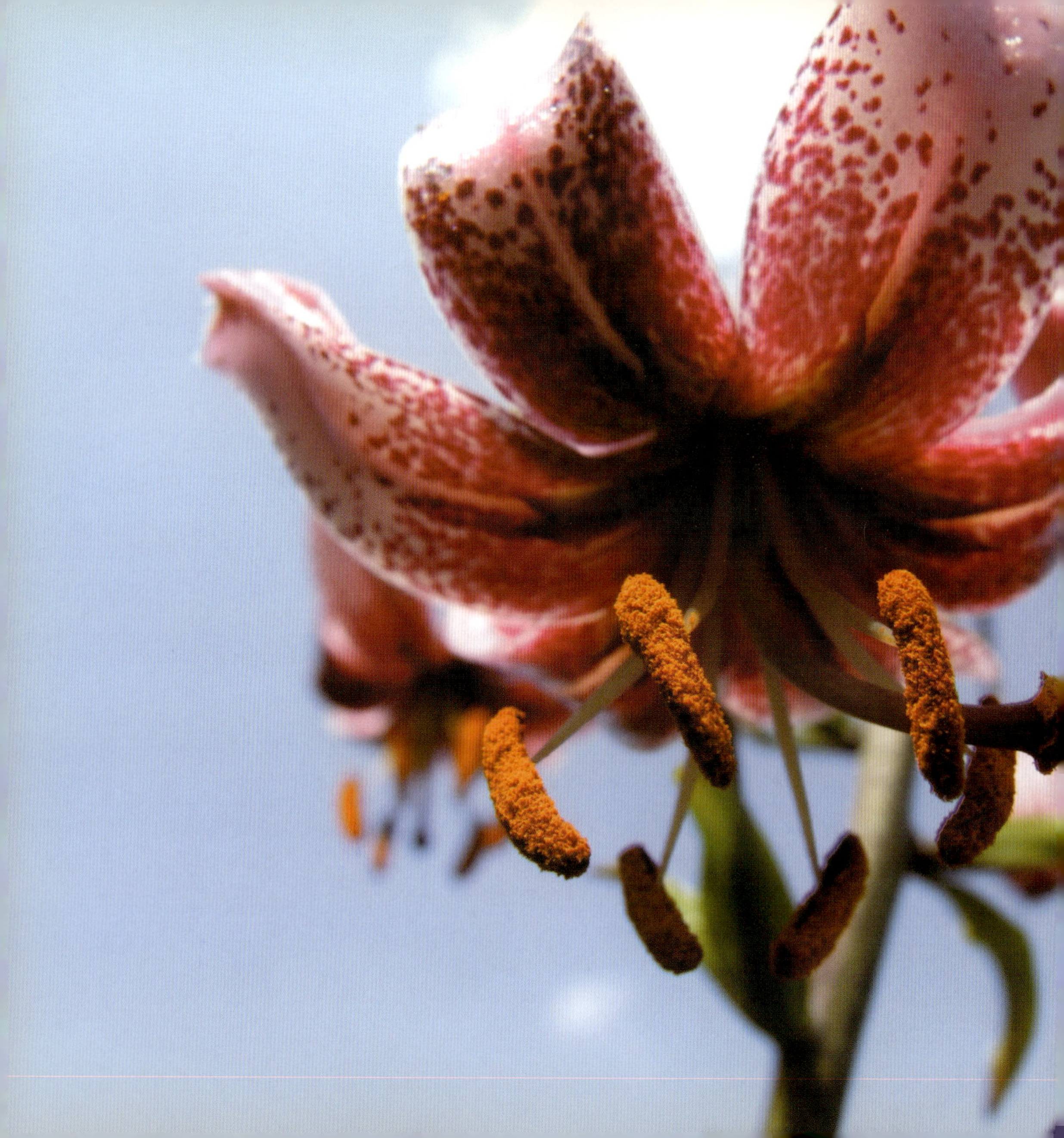

E não pense que são precisos atos heróicos ou momentos de inspiração.

Você faz a minha vida muito melhor por ser simplesmente quem é, do jeito que você é.

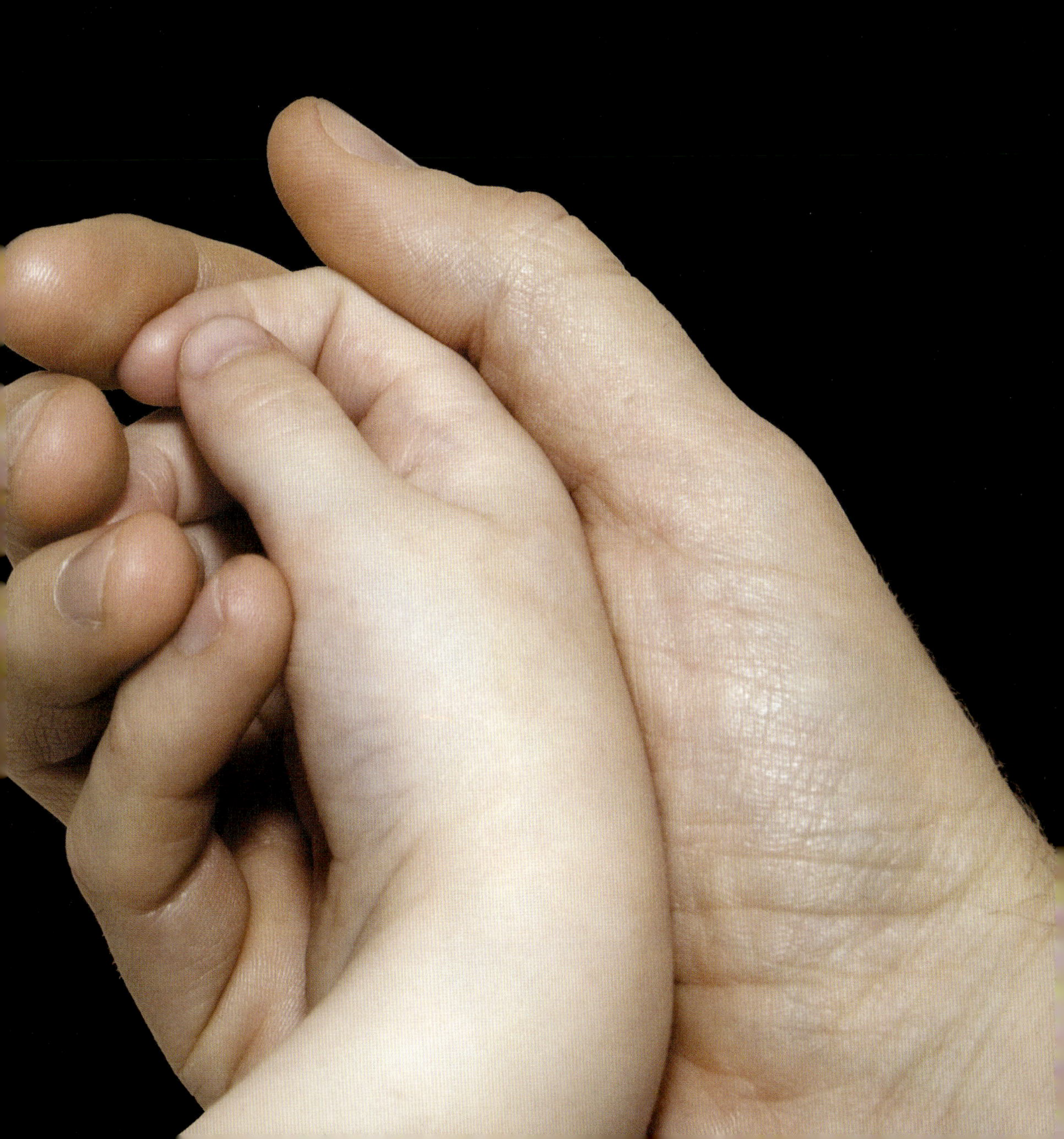

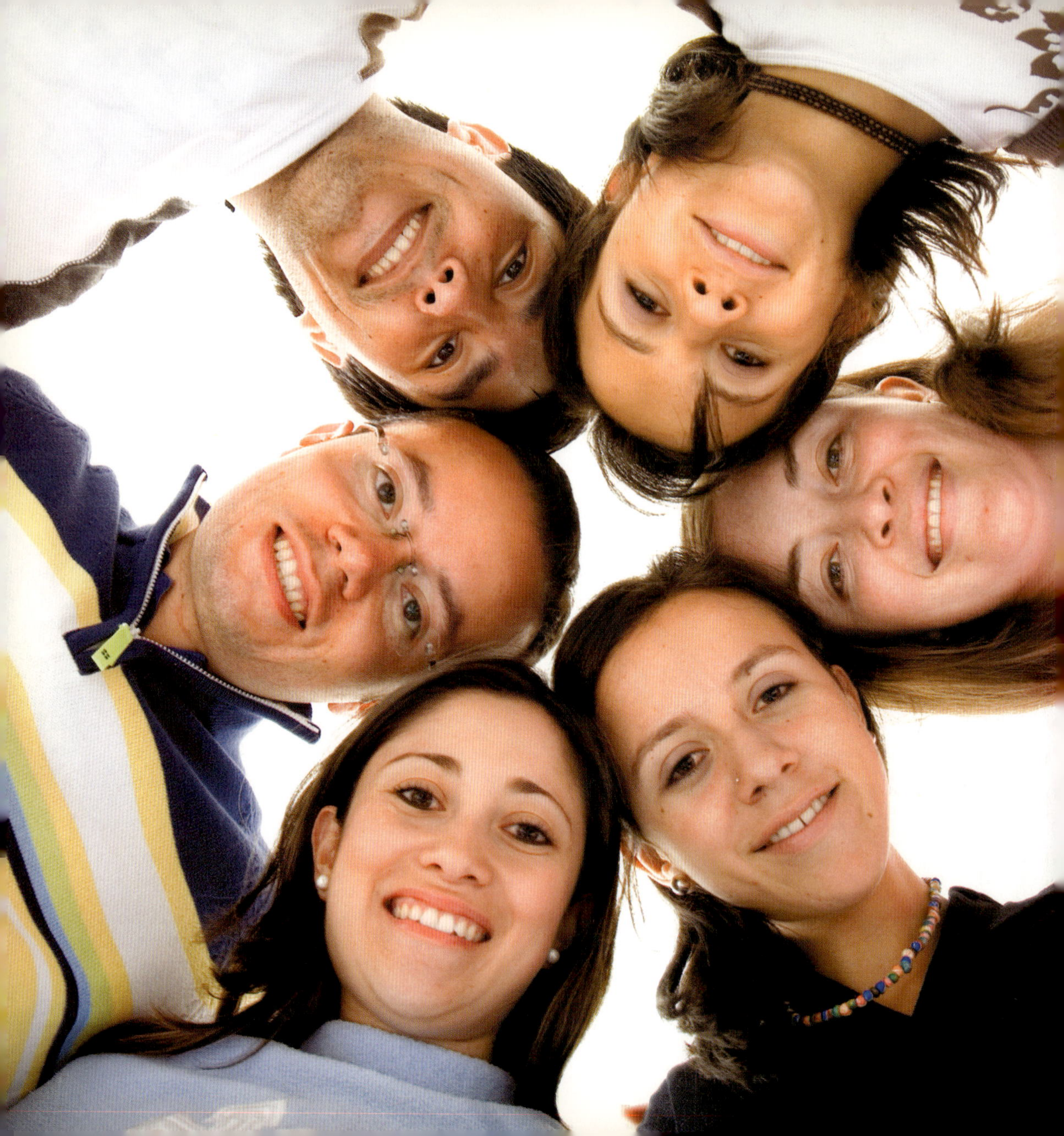

Para você, desejo que todos os sonhos se tornem inspiração e que todos os desejos se tornem força.

Que, a cada dia, a sua chama se ilumine, e você possa ver o quanto é especial.

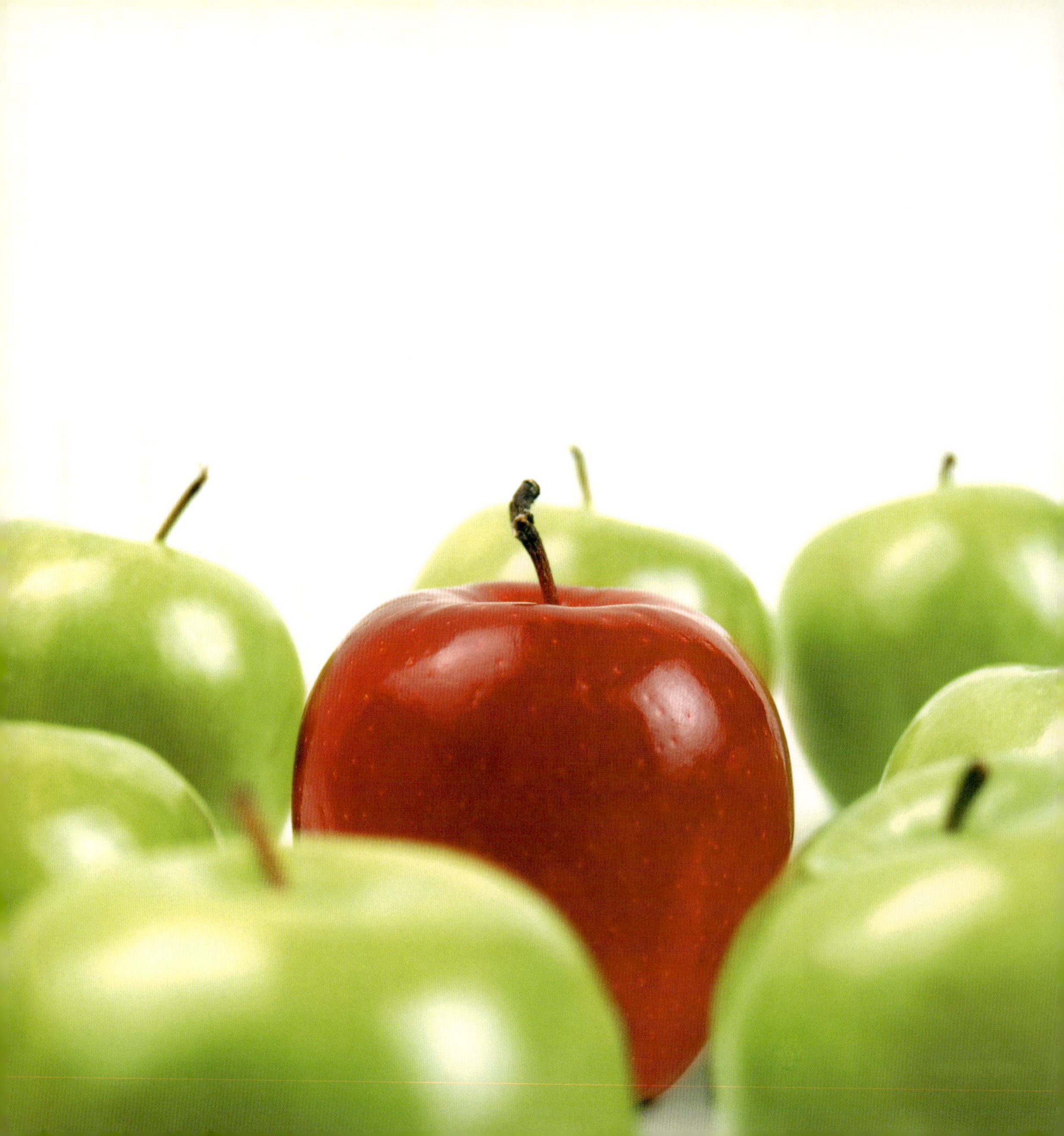

Único, incomparável, singular.

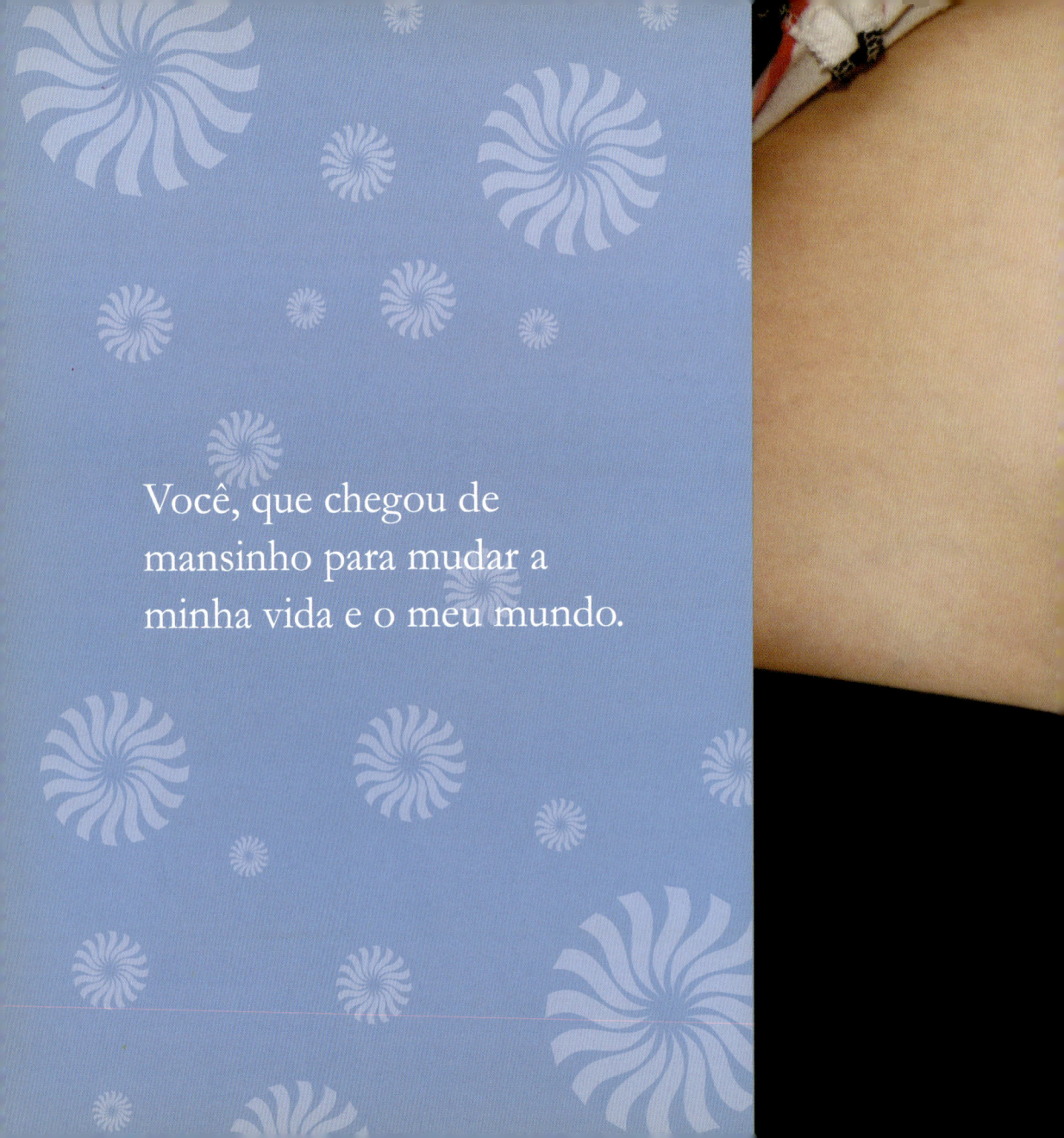

Você, que chegou de mansinho para mudar a minha vida e o meu mundo.

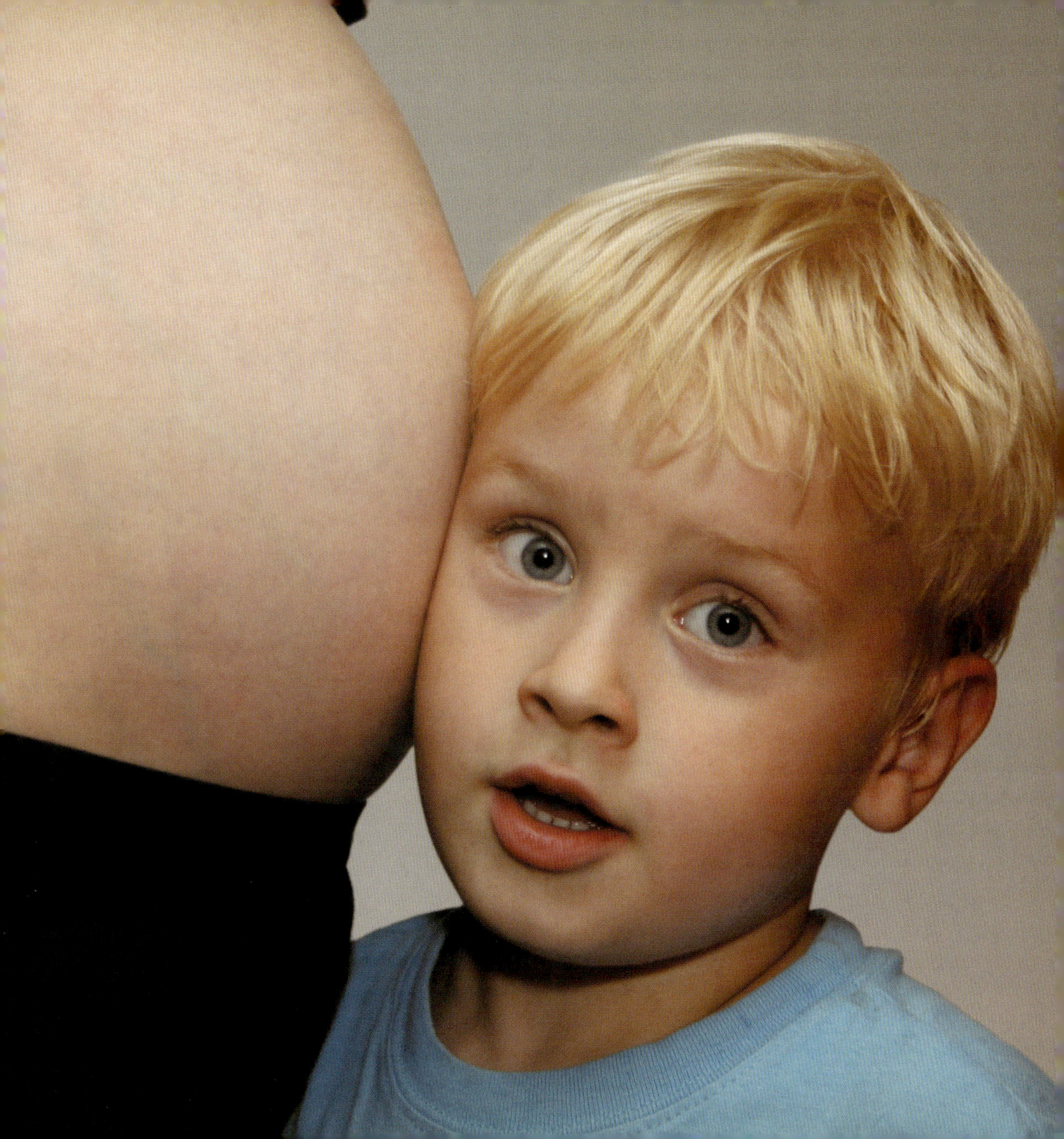

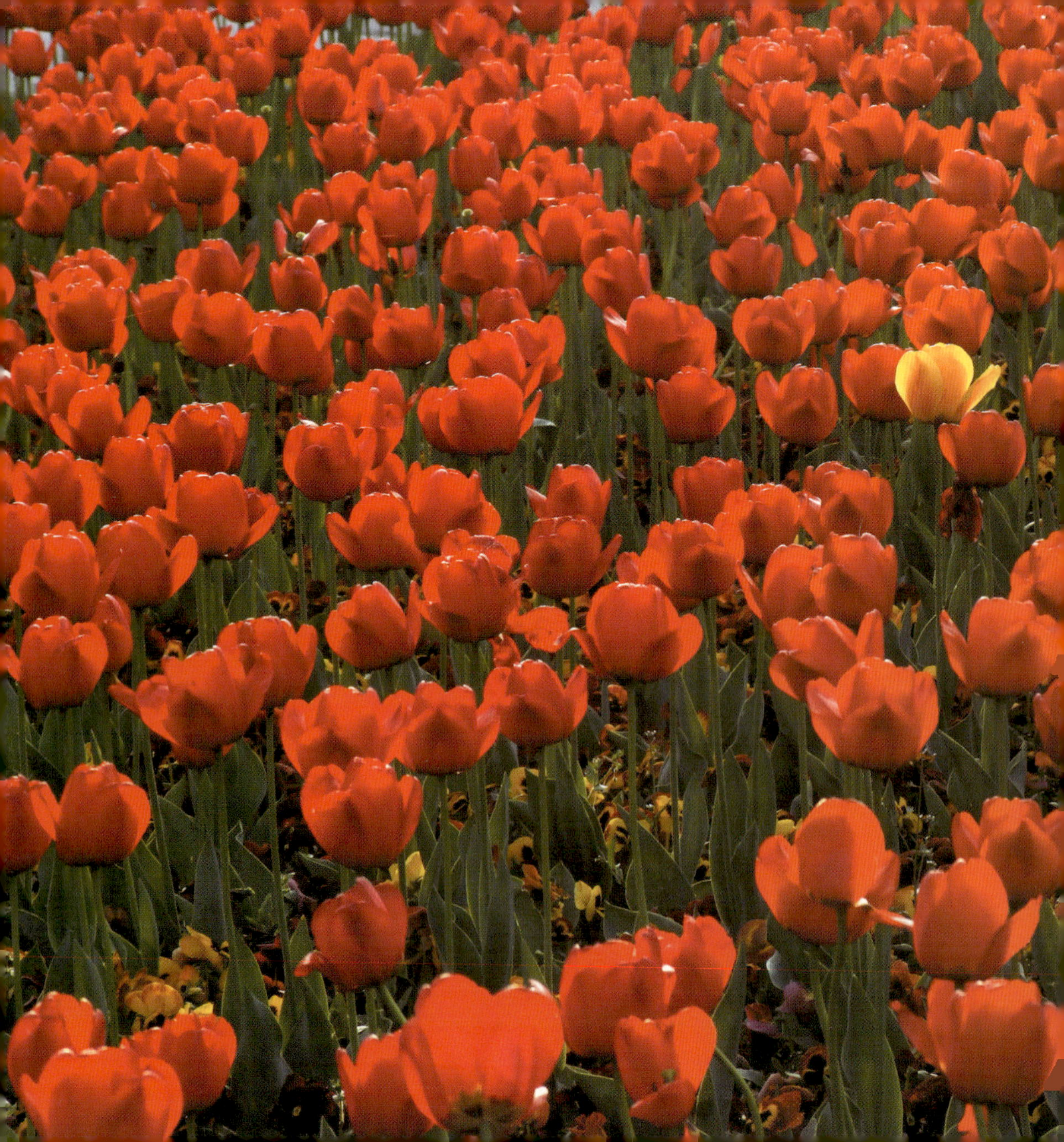

Você
faz toda a
diferença.

Conheça também outros

VOCÊ É MUITO IMPORTANTE

Um livro para alegrar a si mesmo e a quem é importante para você. Viver pode não ser tão simples mas, com bom humor, você descobre que a vida é o nosso maior presente.

www.editorafundamento.com.br | Atendimento: (41) 3015-9700

livros da Fundamento

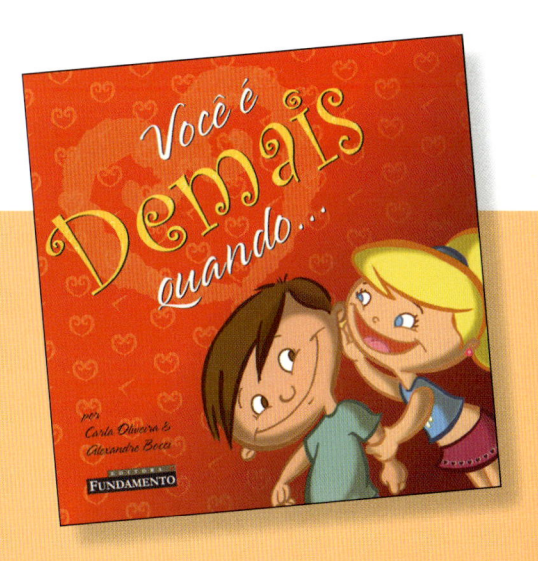

VOCÊ É DEMAIS QUANDO

Uma alegre seleção de situações românticas para encantar pessoas especiais.

VOCÊ É DIFERENTE

Aprenda com a lógica dos bichos a enfrentar os pequenos desafios da vida.